Miguel Ángel Real

POR SI LAS SOMBRAS

Apeadero de Aforistas

1ª ed., febrero de 2025

Thema : DN (Prosa de no ficción)

Una iniciativa de Apeadero de Aforistas
www. apeaderodeaforistas.es

Una publicación de Cypress Cultura
www.cypress.com.es

ISBN : 979-13-87504-01-4
Depósito legal : SE 2975-2024

IMPRESO EN LA UNION EUROPEA

SUEÑO

La poesía es prisma, no espejo.

*

El tiempo, en ocasiones, consigue concedernos algunos privilegios, por poco que sepamos que nuestro lugar en el mundo es más exacto cuanta menos vanidad queremos imponerle a los instantes.

*

Ir adentrándose en un libro es como acercarse al mar, cuando intuímos su grandeza antes de franquear la última colina sobre la carretera.

*

Dice Luis Rosales: "La felicidad no es más que una palabra. No te molestes en buscarla". Y sin embargo.

*

 Al cuaderno blanco le gustaría ser otra cosa, pero no es sino una incitación a una eternidad ilusoria en la que no consiguen entenderse el vértigo y la esperanza.

*

Palabra: reverencia o distancia.

En un tren, la aparente tranquilidad de los pasajeros contrasta con la fugacidad del paisaje cambiante, que sólo deja un rastro de urgencias insatisfechas.

*

El silencio es siempre un inicio.

*

Cuanto más te acerca un tren a tu pasado, más te aleja de lo que fuiste.

*

La perseverancia es la inercia provocada por el amor de los que te rodean.

*

Borra tu vergüenza cuando la luz es pura y te hace feliz: en esos instantes, no intentes cambiar el mundo.

*

Ante el caminar frenético de algunos transeúntes, el bronce de una estatua en mitad de la plaza.

*

Algunos adioses son más alivio que punzada.

El origen de las palabras me parece tan vertiginoso como el del universo.

*

Nadie abre caminos nuevos a partir de la nada, pues al vivir en sociedad siempre nos inspiramos, para bien o para mal, de lo que hicieron otros.

*

Al entrar en las bibliotecas, siento una mezcla de vértigo y de humildad.

*

Soledad o calma, nunca se sabe.

*

En el bullicio de una plaza, el presente parece escaparse por el aire en pequeñas burbujas que nos hacen cosquillas.

*

Con la primavera, volvemos a encontrar colores con los que intentamos convencernos, una vez más, de que conseguimos atravesar el páramo del invierno.

Tanto Don Quijote como los herederos de Aureliano Buendía nunca me inspiraron lástima, sino un infinito respeto; sus supuestas locuras eran una definición de la poesía: desinteresadas, atrevidas o abocadas a un necesario fracaso.

*

No hay mayor sensualidad que la de los gestos que carecen de artificio.

*

El vino sabe a paciencia y a sur.

*

Cuando uno abandona su ciudad natal, no sabe si se aleja o se alegra.

*

No sólo los recuerdos son evocadores: también puede serlo el olvido.

*

Imagino siempre que los antepasados tienen la textura de las telarañas.

"Valle de lágrimas": ejemplo fatal y fatuo. Mejor "valle de páginas".

*

El tiempo no es cíclico, sino círculos concéntricos.

*

Nos gustan los tatuajes porque tenemos la impresión de diseñar nuestras propias cicatrices.

*

Los recuerdos se sienten a sus anchas al fondo de las arrugas y nos hacen más bellos.

*

El punto de apoyo para mover el mundo es muy pequeño, porque reside siempre en la palabra "tú".

*

La poesía debe ser un antídoto para huir de la mediocridad.

*

Un mapa ofrece perspectivas y vértigos.

Es una lástima que una vez que hayamos llegado a la cima se levante un viento que barra nuestros antiguos sueños.

*

El vacío que nos dejan los seres queridos que se fueron es un roce de ortigas fresquísimas.

*

Tren de alta velocidad: ¿dónde quedó el tiempo de imaginar la llanura que conocí?

*

En un aeropuerto, tal vez más que en otros lugares, lo mutable es un modelo que se observa y se comprende: humana esencia de cambio.

*

Escritura : el poder de la acumulación de los gestos leves.

*

No sé si un coleccionista actúa por ambición, por curiosidad pura o por miedo a que sus estanterías vacías sean un reflejo del alma.

Hay veces en que sólo la vida inventada es luz.

*

Palabra : lo más efímero y lo más duradero.

*

Arte excelso: el que representa lo que no es.

*

La página en blanco es un espejo, pero empañado.

*

De viaje, el presente nos resulta más placentero porque nuestros sentidos están más alerta.

*

La verdadera amistad depende tanto de la mutua confianza como de la aceptación de una exigencia recíproca.

*

Se escribe por si las sombras.

Lo ideal sería conservar en la vida cotidiana la mirada inquieta que adoptamos en los viajes.

*

Cuando lanzamos una piedra al agua, las ondulaciones son olvidos en ciernes. Metáfora de la vida.

*

Riquezas cada vez más raras: el agua, el silencio, las presencias desinteresadas.

*

El trazo que inicia un poema, una partitura o un cuadro no tiene por qué ser siempre esperanza. Pero en general abre el camino para alcanzarla.

*

La principal cualidad del viajero consiste en saber utilizar el verbo descubrir más como pronominal que como transitivo.

*

Hojas caídas, humus, brotes: en una sola imagen, el presente, el pasado y el futuro del bosque.

Podemos fingir indiferencia ante una obra de arte que no comprendemos, pero será como cerrar los ojos en lo alto de una montaña, cuando después del esfuerzo un paisaje sublime se despliega en torno nuestro.

*

Mientras juegan, a los niños les importa poco saber si existe el destino. Por eso, tal vez, los envidiamos.

*

La palabra es una verdad de tinta. ¡Que no llegue la lluvia !

*

Tantas veces la felicidad es más orgullo que éxtasis.

*

Con su manto, el lenguaje intenta cobijar a un mundo inabarcable.

*

En la expectativa, las ilusiones parecen siempre más puras.

Me apasiona la música clásica porque es la que más se acerca al silencio.

*

Cuando nos zambullimos, somos agua por unos instantes.

*

Tras la física siempre hay sorpresas ocultas.

*

Los viajes inolvidables son aquellos en los que quisiéramos que "estar" significara "permanecer".

*

Querer pasar discretamente por la vida es una señal de respeto.

16

RAZÓN

En el diccionario, la « razón » se explica como la « facultad de discurrir ». Razonar es pues ser como el agua, siempre cambiante pero siempre la misma.

*

"¿Por qué?" Pregunta simple pero esencial, origen, rechazo de las evidencias aparentes.

*

Cobijarse en la tradición es como querer resguardarse de un aguacero con un paraguas bellísimo, pero de papel.

*

En español, se *está* alegre pero se *es* feliz. La dificultad en traducir esta frase a otras lenguas demuestra la imposibilidad que tenemos en saber definir ambos conceptos.

*

La espera ocupa un lugar ingrato, pero necesario.

*

Los ojos de un recién nacido se abren y ya interrogan. Esa es la esencia del ser humano.

Si es necesario ponerle normas a la belleza, no es tal.

*

Un río entre dos países: ¿qué gota marca la frontera?

*

En la cultura no puede haber oscuridad ni desprecio:
sólo una curiosidad que engendra constantemente más
saber.

*

La ironía es la virtud que tenemos los cobardes para
describir nuestra visión del mundo sin comprometernos
en exceso.

*

No querer ahondar en un pensamiento es como ir a la
playa y atreverse tan sólo a meter los pies en el agua.

*

El conocimiento y la razón no son sinónimos, pero
siguen el mismo camino.

*

Razonar es buscar.

20

Cuando se nos exige ser razonables, se nos llama al inmovilismo.

*

No por mucho conocer se razona con mayor pertinencia, pero la ignorancia es siempre un callejón sin salida.

*

La mezquindad es la característica de quienes utilizan sus conocimientos para alardear de ellos.

*

Razonar es siempre una exigencia, y como tal, no parece adecuarse a nuestra época.

*

Al no tener principio ni fin, ninguna razón puede imponerse.

*

Es la humildad de querer saber sin cesar lo que más puede acercarnos al entendimiento, aunque nunca lleguemos plenamente a él.

El objetivo del raciocinio no es juzgar ni estar en lo cierto, porque sólo la duda nos permite avanzar.

*

La ardua tarea de conseguir que los demás piensen que tu razón es sinrazón.

*

Despreciamos la virtud de ser vulnerables.

*

La duda es un necesario manantial de reflexión.

*

No sé si la paciencia es una forma civilizada de la desesperación o una característica de los pusilánimes.

*

Aunque a veces nos obstinemos en pensar lo contrario, el pasado sí existe.

*

La auténtica revolución consistiría en dejar de lado nuestras certezas.

Ponerse en entredicho es una necesidad vital para nuestra supervivencia.

*

Aceptar las reglas no está reñido con ansiar el cambio.

*

No hay objeto, por pequeño que sea, que no deba despertar nuestra curiosidad, ni pensamiento tan firme como para no ser puesto en entredicho.

*

En ciertas ocasiones, hay que reivindicar el olvido como un lema.

*

La memoria es un homenaje que a menudo desaparece en la inercia de lo cotidiano.

*

El fundamento de la tolerancia es la duda.

MONSTRUOS

Le costaba la vida, porque no estaba seguro de que la falsedad fuera una virtud.

*

Nada más dañino que las verdades como puños.

*

No hay humanidad sin miedo, ni compasión con dogmas, ni comprensión sin humildad.

*

La rutina puede ser tanto un beneficioso ejercicio ascético como una manifestación de nuestro miedo a ir más allá de lo que nos es inculcado.

*

Alimentarse de odio y no de cultura es confundirse de antídoto.

*

Cuando se le ponen muchas mayúsculas a lo que consideramos "Nuestro", es porque en general los argumentos son minúsculos.

Quien inventó el pecado conocía bien nuestra natural
tendencia a la culpabilidad.

*

De la madurez de nuestro pensamiento depende el poder
consolidar nuestro libre albedrío, con el fin de adoptar
una moral con cimientos mucho más sólidos que los que
pretenden fundar los preceptos dogmáticos.

*

Para llegar hasta nosotros, al dolor no le hacen falta
laberintos.

*

El agnóstico duda. El ateo duda aún más. El creyente
espera que todo no sea una mentira.

*

"Y al séptimo, descansó." ¿Cómo se puede concebir la
fatiga de un dios?

*

Si necesitamos líderes, es para deshacernos más
fácilmente de nuestras propias responsabilidades.

La humildad es una virtud tan fundamental como raramente auténtica, pues en realidad tiende a ser un orgullo que uno no sabe disimular.

*

Transformar nuestra impotencia para alterar el curso de los días puede crear grandes obras de arte o convertirnos en peligrosos líderes dogmáticos.

*

El miedo infantil, por su pureza, se vuelve indeleble.

*

Exilios: ser sombra cuando se esperaba ser luz.

*

Las religiones han querido dar una explicación a lo absurdo de la existencia aprovechando nuestro gusto innato por las historias inverosímiles.

*

Nos gusta aunar nuestra energía vital con indicios naturales, que interpretamos tal y como nos conviene para darle un sentido a nuestros miedos.

En general, los conflictos surgen de nuestra incapacidad a reconocer la futilidad de muchos de nuestros gestos.

*

El suave rumor de una palabra certera no es nada ante el griterío de los vanos discursos.

*

La intolerancia surge cuando no tenemos el valor de poner en entredicho nuestras propias creencias.

*

Siempre vi las banderas como un símbolo de exclusión y no de unión. El patriotismo, basado en ese tipo de símbolos, transmite un mensaje claro: "tú no eres de los nuestros".

*

El arte y el comercio son dos conceptos totalmente incompatibles y a menudo inversamente proporcionales.

*

Proteger un espacio propio, íntimo, es muchas veces ilusorio y descorazonador.

Engañarse es una tosca tarea en la que siempre nos asombra nuestra perseverancia.

*

En un mundo hipnotizado por el liberalismo compartir está mal visto, excepto cuando son los demás los que comparten con nosotros.

*

"¡Sálvese quien pueda!" significa siempre "Pero yo primero".

*

La inercia de las viejas teorías ofrece un refugio cálido y opaco, desde el que no podemos reconocer que durante siglos tal vez hayamos seguido una mentira.

*

Por mucho que nos esforcemos en crear monstruos que nos parecen inverosímiles, siempre serán un espejo de nosotros mismos.

*

En las ciudades, concebir la mirada como una agresión es nuestra mayor derrota.

La pretensión de los misioneros en poseer la verdad era intrínsecamente incompatible con su mensaje.

*

No nos gusta vernos en antiguas fotos porque tememos haber sido una serie de incoherencias.

*

Los conceptos sobre la belleza del mundo de un ateo y de un creyente son equivalentes.

*

Desconfío de la mal llamada sabiduría popular, sobre todo cuando en la conversación surge un "*así es la vida*" que no deja lugar al diálogo.

*

Cuando pienso en la distancia, me parece estar bebiendo yeso muy despacio.

*

No comprendo la obstinación de construir un mundo sin matices.

Llamamos extraño a lo que nos obliga a pensar, y ahí radica el origen del odio.

*

Hay que hacerse llevadero y olvidar pretensiones: el tiempo no nos las perdona.

*

La modestia, cada vez más escasa, es indispensable para convivir en paz.

*

La obsesión absurda de crear categorías cerradas para juzgar a los otros es el colmo de la desidia.

*

Utilizamos demasiada energía para luchar contra nuestros propios prejuicios, cuando sería más fácil aceptar la libertad ajena.

*

La benevolencia no está en modo alguno reñida con el ateísmo, como negar la existencia de un dios no impide seguir creyendo en la presencia del alma, que se expresa más por los gestos concretos que por la inmaterialidad de la fe.

Venal. Banal.

*

Que alguien consiga convencernos, aunque haya
vaciado las palabras de sentido, es revelador de nuestra
propia ignorancia.

*

Los esquemas, en realidad, sólo son un pretexto para
rechazar el mundo.

*

El atajo de lo sagrado frente a los vericuetos de la
verdad por hallar.

*

La angustia vital es una exigencia concreta que no
pueden satisfacer los mitos creados por las religiones.

*

¿Para qué sirven la poesía, y el arte, y la paciencia ?,
nos preguntamos a menudo, sin ver que en dicha
cuestión se encuentra la raíz de la podredumbre de un
mundo donde el rasero que se utiliza es la presunta
utilidad de las cosas, desdeñando la emoción del
aprendizaje.

El miedo ha sido siempre la base de nuestras creencias, porque es menos complejo temer que razonar.

*

El falso bálsamo de lo dogmático.

*

Las profecías le tienen miedo a lo tangible.

*

No les conviene a los vendedores de quimeras que dejemos de lado nuestros miedos.

*

Hay quien blande la palabra *desarraigado* como un insulto, cuando en realidad las raíces sólo saben clavarte al suelo y son la antítesis del horizonte y del destino.

*

¿Qué nos queda si nuestra mirada se deja llevar por lo fugaz?

EPITAFIOS

No. Somos nada.

*

Deberé aprender a pertenecer a otros paisajes.

*

Aun sin tierra ni lluvia germina ya lo que fuiste.

*

El vaivén de estar vivo frente a la línea plana de la muerte.

*

Mi tumba es algo ínfimo para inventar nuevos pedestales e imaginar impulsos.

*

Espero que de algo me haya servido aprender a descifrar los mapas.

*

Sólo quise ser transparente.

Que la herida nunca deje de ser jalón.

*

Ya no sirve de nada haber querido ser, pero el pasado es, más que nunca, lo que me aguarda.

*

Que detrás de mí no queden ni deudas ni homenajes.

*

"Que mi herencia sea inmaterial" sería un buen epitafio si pudiéramos escribirlo en el aire.

*

Admitir que no hay más diálogo que el que nos brinda la memoria es aceptar por fin la ley de la ausencia para saberse humanos.

*

Ya llegó el indecente espíritu liberador de la muerte.

*

El recuerdo es siempre un esfuerzo para seguir contradiciendo las pérdidas.

40

En la ausencia hay siempre metáforas.

*

Y vosotros, ¿seréis capaces de matizar olvidos ?

*

Que no tenga que venir la muerte para que veáis un presente más amplio.

*

Llega la muerte y seguimos siendo aprendices solamente de nuestra propia desidia, sin remedio.

*

Hay que cubrir de silencio este mundo para seguir albergando una esperanza.

*

Me llevo conmigo el tiempo que no supisteis vivir junto a mí.

*

Lo que nos salva es el dolor que permanece y nos despierta, vivificando la lucha.

La vida sigue. La muerte también, pero no importa.

*

Todo existe. Nada existe. ¿Por qué lado decantarse ?